온북스시선 43

세월을 추억하며

온북스시선 43
세월을 추억하며

초판인쇄 | 2025년 9월 10일
초판발행 | 2025년 9월 15일

지은이 | 배기오
펴낸이 | 김경옥
디자인 | 신명주
펴낸곳 | 도서출판 온북스

등록번호 | 제 312-2003-000042호
등록일 | 2004년 5월 13일

주소 | 서울시 은평구 통일로 82가길 4-7
전화번호 | 02-2263-0360
팩스 | 02-2274-4602

ISBN | 979-11-92131-33-7
잘못 만들어진 책은 교환해드립니다.
이 출판물은 저작권법에 의하여 보호받는 저작물이므로
무단 전재와 무단 복제를 할 수 없습니다.

온북스시선 **43**

세월을
추억하며

배기오 시집

온북스
ONBOOKS

시인의 말

시집을 내면서

지금은 모두 흘러간 추억
내 나이 팔순, 회고하건데
세월이 아쉽고 부족한 점 많았습니다.
어린 시절 산꽃, 들꽃 따라다녔던 생각
오랜 세월의 객지 생활 등
잃어버렸던 옛날이 애달파
늦은 나이에 시를 묶어 시집을 발간하였습니다.

2025년 5월
배 기 오

목차

세월을 추억하며

시인의 말 - 시집을 내면서

1부 ─── 노을빛 추억

재회	14
추억 1	15
추억 2	16
오월	17
가을연가	18
강가에서	20
숲속을 걸으며	21
누나를 만나는 날	22
내 님은 누구일까	23
바다여행	24
눈꽃 산행	25
귀향에 대한 간절함	26
나무	28
성녀의 그림	29
천년의 사랑	30
별과 나	31
사랑의 꽃	32
못 먹는 감자	33
운명의 이별	34

익어가는 가을	35
야생화 꽃밭	36
봄나들이	37
피안(彼岸)을 찾아	38
억새군락 가을 등반	39
속리산 문장대를 오르면서	40
만추를 보내며	42
섬진강 변 봄꽃을 찾아	43
벚꽃축제	45
사랑의 꽃 피우리	46
계절의 향기	47
모내기 하는 날	48
정월 대보름	49
라일락 향기처럼	50
건망증	51
사계절	52
성가의 축복	53
벚꽃 아래에서	54
봄이 오는 서울	55
그리움	56
사랑하는 당신	57
봄기운	58
벚꽃	60
반딧불이와 함께	61
간이역	63

억새군락	64
철새의 군무	66
사랑하는 당신에게	67
새해를 맞으며	68
세밑에 서서	69
남도의 봄	70
성숙된 자아를 찾아서	71
사랑의 열매	72
복수초	73
봄의 소금강	74
인생의 길	76
나 홀로 산행	78
산골마을의 가을	80
전원생활에 대한 이끌림	81
아름다운 결혼	82
그리움 사랑되어	83
길	84
도시 근교의 석산(石山)	85
부여 낙화암의 비극	86
젊은 날의 회상	88
겨울 저수지	90
님 생각	91
너와 나의 사랑	92
나의 인생	93
해변의 녹슬은 기차길	94

꺾어진 꽃들이여	95
일편단심	96
어머니의 신체 변화	97
순명	99
아버지	100
중학생 타락 사건	101
인생 노년	102
옛 생각	103
가을 수확철	104
추억여행	105
둘이서 걷던 갈대밭	106
인생은 흘러	107
그리운 님	109
인생 황혼의 아쉬움	110
객지 생활	111
웃음꽃	112
부부 해로	113
농촌풍속	114
그리운 외할머니	115
동학혁명을 기억하며	116
석별지정	117
꽃동네 살자	119
회상과 추억	120
일취월장	121
후회	123

어린 시절 머물다간 산야 125
교훈 126
동무 생각 127
남한산성 128
추석 130
낙엽 131
내 가슴속에 머물다간 우정 132
그리움 강물같이 133
할미꽃 134
이사 가던 날 135

2부 ── **계절의 노래**

봄이 왔는데도 138
봄이 오고 꽃이 피고 139
봄소식 1   140
봄소식 2   142
봄소식 3   143
봄 1   145
봄 2   146
봄 3   147
봄 4   148
가을을 맞으며 149

가을과의 이별　150
가을의 끝자락　151
겨울을 보내며　152

3부 ─ 친구들과 대화

초등학교 동기동창의 우정　154
학창시절　156
친구　157
고향 친구 1　158
고향 친구 2　159
사랑하는 나의 친구들아　160

4부 ─ 가족사랑, 여행길

고봉환, 배현미 결혼을 축하하며　164
외손자 한서우의 첫돌을 축하하며　165
간절한 기다림　167
친쾌테레　168
쏘렌토여 잘 있거라　169
바르셀로나　170
앙코르와트　172

5부   고향의 그리움, 종보 발간

고향 생각   174
내 고향 미호강   175
고향 강변 풍경   177
고향마을   178
고향마을 아미산의 겨울등반   180
고향의 그리움   181
경주 배씨 종보 신년축시   182
경주 배씨 종보창간 200호 축시   184

6부   영면한 영혼에 대한 애도

故 김정석 법원동기의 영전에   186
국군의 날   187
전우여 편히 잠드소서   188
전우의 혼(魂) 기리며   190
사부곡(思父曲)   194

1부

노을빛 추억

재회

지난 세월 매듭진 옹이
너는 너 나는 나

인연을 원망하며
미움 속에 떠난 사람

애잔한 사연들에
옛 추억의 불씨를 살려

미운 정 고운 정
사랑으로 타오르니

다시 찾은 푸른 연가
빈 가슴을 채웁니다.

추억 1

자운영 붉게 핀 들녘에
논갈이 트랙터가 매연을 쏟아내며
한해의 벼농사 작업을 시작한다.

기계화 농업이 보편화되면서
옛날 소몰이꾼의 외침은 사라지고
엔진 소리만이 요란하다

어린 시절 논갈이 한 이랑을 따라
올미를 주워 먹던 기억들이
이제는 전설로 남게 되었다

추억 2

책보를 둘러메고 까만 머리통을 흔들며
고개를 넘어 논길을 내달리던
어릴 적 초등학교 옛 동무들 생각난다

낡은 난로에다 입은 옷도 변변하지 못해
수업 시간에는 소름이 돋도록 추위에 떨고
쉬는 시간에도 교실 앞 처마 밑에서
햇볕을 쬐며 추위를 달랬던가?
봄이 오면 진달래꽃 춤추는 동산에서
겨울이면 얼어붙은 논바닥 위에서
우린 함께 뒹굴면서 꿈의 계절을 노래했지.

어린 시절엔 돈 많은 부자가 되었으면 하였고
양복 입은 삼촌을 볼 땐 나도 빨리 어른이 되고
싶었는데 10년 주기의 강산도 변하기 전에
직업도 가졌고 멋진 양복도 입게 되었다.

이순이 되어 꿈같은 지난날을 회고하면서
그 시절, 그 장소 그리워 찾았건만
옛 모습 사라지고 님들은 보이지 않네
어디로 떠나갔나? 보고 싶은 친구들아!
어디서 살고 있나? 그리운 친구들아!

오월

아카시아 꽃이 피고
앵두 익어가는 오월

잎사귀에 비친 햇살
열매 속에 녹아드네

신록에 젖은 초원
푸르름이 탐스럽고

바람 따라 피는 구름
창공에 수를 놓네

가을연가

가을은 발길을 옮기는 곳마다 아름답다
초록이 남은 잎에서 새빨갛게 물 들은 잎
그 화려함이 가득한 계절이다

가을 햇살을 받고 오롯이 선 단풍나무는
단풍 중에서도 잎 몸이 마치 다홍색 별을
모아 놓은 것처럼 화려하고 곱다

가을 단풍이 다채로운 색채로 물들 때
햇살이 터진 그늘에서 빛깔과 향기에 취하며
젊은 시절 부부의 인연을 맺어준 가을 여행

산사의 호젓한 숲길을 걷노라면
오솔길에 갓 떨어진 단풍잎을 밟기조차
미안하고 주저해진다

우리 부부에게는 잊을 수 없는 계절
가을의 아름다운 발자국이 서려있는 곳
세찬 바람이 지나면 고운 사랑의 꽃잎들이
그곳을 포근히 덮는다

첫날밤을 단풍잎에 묻혀 보내자고
서로를 그리워하며 기다리던 가을
지금은 넉넉한 마음으로 만추를 즐긴다

강가에서

날씨가 더워지며
후덥지근하다

산 그림자 내려앉은
양지 녘 붉은 노을빛 아래

물고기들 튀어 올라
흰 비늘 번쩍이고

너울이 몸을 살짝 일으켜
파도에 부서지면

물안개 피어올라
꽃구름 흐른다

숲속을 걸으며

강렬한 뙤약볕이
숲을 파고들며
신령스런 기운으로
가득한 숲

살랑대는 바람에
숲에서 품어주는
청신한 공기와
알싸한 야생화 향기는
자연 치료제다

일상을 탈출해
초록 길 따라
꽃에 취하고 향기에 마취되어
자연과 한 몸 되니
이것이, 물아일체이어라
떠날 시간도 잊고 날이 저문다

누나를 만나는 날

가을바람에 코스모스 하늘거리며
가파른 길옆으로
국화꽃이 노랗게 피었다

고추잠자리 높이 솟아올라
주위를 빙빙 돌다 바람 타고
미끄러지듯 날아가

계곡의 물이 흘러 모이는 곳
물웅덩이 갈대숲 속으로
날개를 저으며 아쉬운 듯 사라진다

고추잠자리를 따라가는 날은
이웃 마을로 시집간 누나를 만나는 날
붉은 홍시를 먹는 날이다

고추잠자리야 날아라
누나가 보고 싶다
홍시를 먹고 싶다

내 님은 누구일까

봄은 서걱서걱한 도심에도
총총히 솟아오르는 별빛처럼
야금야금 찾아오고

공원을 산책하는 아가씨들의
화사한 치맛자락에도
아슬아슬 춤춘다

도로가에 마주한
벚나무의 시린 꽃망울이
반짝일 즈음

꽃보다 예쁜 님 찾아
봄볕에 몸을 맡기고
정처 없이 길을 나섰다

바다여행

지도가 없어도 푸른 바다가 길을 인도하며
넘실대는 파도를 바라보면서
잡념을 떨쳐낼 수 있는 바다여행

주름진 바닷가를 따라
밀려오는 물 끝을 걷다 보면
발바닥이 간지럽고 빠져나간 모래에
몸이 조금씩 움직인다

고요한 듯 사나운 역동적인 바다
그 한가운데에 고깃배가 곡예라도 하는 듯
거센 파도가 작은 배들을 삼켰다 토해내고
날이 바뀌고 주위가 잠잠해지면
해저의 바위들이 군데군데 얼굴을 내민다

아스라한 수평선 끝자락에 파도가 몸부림치며
태양이 아침노을을 깨고
황홀한 웃음으로 솟아오른다

생명의 탄생과 소멸이 윤회하는 바다의 세계
망망대해를 바라보며 무념의 행복에 젖으니
선계에 와있는 듯 가슴속이 후련하다

눈꽃 산행

초가지붕을 닮은 긴 능선에
사방 확 트인 조망

눈으로 갈아입은 산자락
꽃길 따라 오른 산마루

흰 눈꽃이 꽃처럼 빛나고
진주처럼 아름답다

가파른 언덕을 한달음에
밟고 걸으니

숨이 막히고
땀이 흐른다

흰 구름 흘러 그리움 쌓이면
사랑으로 전해 지려나

황금 노을 붉게 물든 시골 마을
내 고향이 그립습니다

지난 세월 아쉬움 모아
추억의 꽃 피우리

귀향에 대한 간절함

떠나온 길이 멀면
돌아갈 길도 먼 것인가

잘 살아 보겠다는
일념으로

고향을 떠나 낯선 타관에서
마음에 멍울이 맺히도록

하루의 생활에 쫓기며
바쁘게 살아온 삼십몇 년

봄이면 뻐꾸기 울고
할머니가 업어 키우던

그곳,
고향이 그립다

겨울이면 썰매 타고
논두렁에서 불장난하던

그곳,
고향으로 돌아가련다

어릴 적 이웃도 떠나고
정든 길도 없어졌지만

올해도 귀향에 대한
간절함으로 사무친다

나무

봄 따듯한 날씨에 싹을 틔운
푸른 나무가 무럭무럭 자라
인접한 나무와 생존경쟁

여름에 잡풀과 섞이고 엉키며
녹음이 우거진 숲을 이루어
한 덩어리 초록으로 어우러진다

가을에 단풍으로 물 들은 잎은
황금빛 저녁노을에
더욱 화려한 옷으로 갈아입고

겨울에 옷을 벗은 앙상한 가지는
눈꽃으로 보온을 하며
긴 겨울잠을 자며 휴식을 취한다

성녀의 그림

반백의 머리 수건으로 가리우고 두 손을 합장
기도하며 갈구하는 구도의 표정

그림은 투박한 선으로 그어져 있어도
금방 다가올 듯 숨 쉬는 듯한 눈빛

온유함이 안으로 승화된 성녀를 바라보며
육신을 위로받고 구원의 기도를 드린다

천년의 사랑

사랑의 흔적일까
모진 삶의 매듭일까

자리다툼에서 심한 상처를 입고
서로 맞닿아

둘이
하나가 된 ※연리목(連理木)

운명일까?
생존의 투쟁일까?

두 손을 합장하고
천년의 사랑을 빈다

※ 연리목: 뿌리는 다른데 성장하면서 가지 등이 접합되어 하나의
　　　　　나무로 성장

별과 나

별아, 너의 반짝임을 알기에
나는 행복을 꿈꾼다

별아, 너의 아름다움을 알기에
나는 보고파 그리워한다

별아, 너의 나라가 있음을 알기에
나는 먼 여행을 기다린다

별아, 너의 끝없는 변화를 알기에
나는 궁금한 수수께끼를 푼다

별아, 너의 빛이 낮에 꺼짐을 알기에
나는 마음을 비운다

별아, 너의 신비함을 알기에
나는 님의 길 따라 끝없이 걷는다

사랑의 꽃

나는 너에게
사랑의 벽이 되고

너는 나에게
사랑의 꽃이 되어

우리, 사랑의 씨앗으로
신비롭게 피어나리

못 먹는 감자

양말을 기워 신던 시절
면양말을 오래 신다 보면
발바닥에 감자가 달린다

땅을 장만할 것도 없고
거름을 주지 않아도 되고
김을 매지 않아도 된다

한참 뛰어놀다 집에 와 보면
감자가 토실토실 커지기도 하고
몇 개 더 달리기도 한다

* 감자: 60-70년대 초록 양말을 며칠 신으면 발바닥 부위에 구멍이 2-3개씩 난다. 구멍이 마치 감자 달린 모양과 같다.

운명의 이별

저녁놀이 비추이던 강가에서 만난 그 소녀
지금도 생각하면 가슴이 뜁니다.

수줍게 미소 띤 그녀가 내 맘속에 머물 때면
나는 그리움에 젖어 그림을 그립니다.

운명의 손짓인가, 우리는 헤어졌고
나의 가슴은 아팠습니다.

아! 첫사랑의 향기!
그러나. 그녀는 다시 돌아올 수가 없습니다.

이제는 억겁의 시간 속에 묻혀진
내 마음속의 사랑으로 남게 되었습니다

익어가는 가을

붉은 배롱나무 꽃이
땡볕에 동구 밖을 붉게 물들이더니
벌써 벼 이삭이 고개를 숙이고

곱게 핀 코스모스 가지에 고추잠자리
살포시 앉아 꽃잎과 귓속말 나누는데
바람이 질투하며 쉬-익 흔든다

살갗에 닿는 바람결이 차가워지고
뒷동산 알밤들이 벙글거리며
어느새 가을은 옆에 와 있다

야생화 꽃밭

산들바람 시원하고 청청한데
신령스런 기운으로 가득한 숲

고목나무 그루터기 주위로
야생화 그윽하게 피었구나!

양지 녘 분홍 철쭉단지
바람에 한들한들 꽃대 화려하고

짙푸른 숲과 꽃밭에서
속세의 묵은 때를 날려 보낸다

밝은 마음에 무거운 머리도 풀려
희망찬 내일을 맞이한다

봄나들이

여린 봄 햇살이 가득한 날
개나리꽃 활짝 피어
노랑 미소 지어 보이고

산 넘고 강을 건너
먼 길 달려온 거친 바람도
봄이 흘러 나무 끝이 촉촉하다

꽃망울이 햇살에 터지면서
흩어지는 그윽한 향기가
주위를 물들이고

양지 녘에 가족들이
도란도란 앉아 먼 이야기 나누며
다복한 웃음꽃을 피운다

피안(彼岸)을 찾아

지천명(知天命)을 넘기며 마음도 불안하다
쌓인 세속의 때를 벗기고 싶다

초로(初老)의 두려움과 함께
죽음에 대한 공포(恐怖)가 다가온다

쌓은 공덕(功德)도 부족하고
인생은 늙어만 가는데

이제는 속세의 욕심을 버리고
마음을 씻고 싶다

피안은 어디인고?
고행(苦行)의 길 따라 그곳에 머물다가

구름처럼 피었다가
연기처럼 사라지는

이승의 삶 끝나는 날
피안에서 왔노라고 머리 숙여 고(告)하련다

억새군락 가을 등반

능선의 좌우 넓은 공간으로
산이 바다가 되어 출렁이네

흩날리던 단풍비는 사라지고
은빛 억새꽃이 물결친다

강풍에 숲이 누웠다 일어나는 상황
억새꽃아 잠시 멈추다 흘러라

속세의 번뇌를 허공에 날려 보내고
잠시 쉬노라니

잿빛 산토끼가 보일 듯 말 듯
계곡을 오르다 능선을 넘어선다

떨어지는 낙엽을 보며
추억에 잠긴다

속리산 문장대를 오르면서

동식물이, 강한 생명력을 이어가는 여름날
속리산 문장대를 오르면서
땀으로 온몸이 흠뻑 젖었다
다리 정강이도 허벅지도 당긴다

간혹 야생화 향기가
폐부를 통해 전신이 마취되어
피로를 풀어주고

작은 새들이 나뭇가지 사이로
포로롱 날아다니는 소리가
지친 심신을 달래준다

거친 숨을 진정시키려
시원한 바람이 지나는 쉼터에서
낙차 큰 계곡의 물소리를 들으며
잠시 쉬는 맛을 그 무엇에 비교하랴

뒤쫓는 등산객이 다다르면
가벼운 농담으로 인사를 건네고
넓은 공간을 비워주며

문장대에 올라 사방을 들러보니
흰 구름 조각들이 능선을 넘어
산봉우리를 떠돌다 사라진다
아! 나는 천상의 신선이어라

만추를 보내며

쌀쌀한 바람이 나뭇잎을
세차게 흔들고

바람이 지나간 자리엔
낙엽이 뒹구는데

한 해를 넘기지 못하는
짧은 인고의 삶에

쓸쓸히 옷을 벗는
계절의 끝자락

홀연히 생각난다.
한 잔의 술로 마음을 섞던 친구들…

붉게 물든 단풍에 묻혀
지긋이 추억에 잠긴다

섬진강 변 봄꽃을 찾아

봄이면 매화와 산수유, 벚꽃이
순서대로 화려하게 피어나는
섬진강 일대

광양 청매실 농원은
산판 전체가 매화꽃으로 만발하여
한 폭의 수채화를 보는 듯
아름답고 눈부시다

구례 지역의 산수유 마을은
샛노란 산수유 꽃으로 담을 친 듯
노란 물감을 뿌린 듯
지난해의 붉은 산수유 열매와
올해의 꽃이 따사로운 햇살 아래
동화 속 그림 같고

하동 쌍계사 십 리 벚꽃 길에는
하얀 벚꽃이 시샘하듯 피어나
벚꽃터널을 만들며
꽃비 흩날린다

이제 봄은 아가씨들의 옷차림에
아슬아슬 춤춘다

젊은이들의 정겨운 속삭임이
봄바람 타고 흐른다
이렇게 봄은 성큼 다가와 있다

벚꽃축제

메마른 벚나무 가지 끝이 촉촉해지며
꽃눈마다 연분홍 빛깔로 화들짝 피어

벚꽃축제 광장에는 인파로 가득하고
꽃구름이 하늘을 가리네

화사한 옷차림에 팔짱 낀 연인들은
꽃향기 속을 달콤하게 숨바꼭질한다

정겨운 속삭임이 봄바람 타고 흐르면서
살랑살랑 흔들리는 감정에

감춰둔 사랑의 꽃망울 터지며
수줍은 가슴을 적셔주네

사랑의 꽃 피우리

사랑의
그리움이 밀려오면
고갯길 언덕으로 달려가
휘파람 소리로 님을 불러본다

고요히 산바람에 실려 사랑의
애타는 마음이 전해지려나

석양 노을에 붉게 물든 과수원집
연분홍 복사꽃 사이를 오고 가는
님의 모습 어른거린다

나 홀로 외롭게 사랑을 외치다
감춰진 마음이 부풀어 오르면
나는 목이 쉬도록 불러도 본다

별이 깨알같이 총총히 빛나고
별빛 사이로 백옥 같은 은하수가
강물처럼 머리 위로 지날 때

우리만의 추억을 모아
사랑의 꽃 피우리

계절의 향기

추운 엄동을 지내고 초록의 이파리 움트는 시기
지치고 어지러운 머리가 맑아지니 신비롭다
봄을 마시자

강렬한 태양은 초목을 싱그럽게 하고
뿌리를 키우며 숲을 무성하게 한다
여름을 마시자

화려한 색깔로 물들여진 단풍잎 사이로
붉은 열매들이 수줍은 듯 힘에 겨운 듯 매달려있다
가을을 마시자

갖가지 열매와 뿌리를 거실 천장에 매달아 놓고
엄동설한에 에너지를 충전해 주니 몸도 마음도 따듯하다
겨울을 마시자

모내기 하는 날

어려웠던 시절 논보리를 베어 낸 곳을 서둘러 갈아
엎는다
농사는 때를 잘 맞추어야 하는데 보리가 여물기를
기다리다 시기가 조금 늦기도 한다

모내기 날은 농사꾼 집안의 큰 행사로
온 가족과 여러 명의 일꾼이 동원되는데
일꾼들도 숙련도에 따라 일부는 품삯을 다르게
지급한다

나는 못줄의 한쪽을 당겨 맞추는 일을 하였는데
"하늘 높은 줄은 알아도 땅 넓은 줄은 모른다는 등"
일꾼들의 농담어린 핀잔들이 많다

농번기에 들에서 먹는 음식 중 새참의 맛이 좋다
박으로 만든 바가지에 멸치 삶은 국물에 말은 국수
후루룩 한숨에 들이키고 막걸리 한 대접 마시고 나면
그것이 왕후장상의 하루보다 풍요롭다

정월 대보름

한낮 쌀쌀한 날씨에 마을 앞 공터에는
남녀노소 마을 사람들이 모여들고

풍물패가 흥을 돋우고 너나 할 것 없이
노래가락을 부르면서 한 해의 안녕을 빈다

윷놀이, 제기차기, 연날리기 등 민속놀이의
한마당에 잊혀진 대보름의 세시풍속을 되새기며
추억을 나눈다

소원지를 달집에 줄줄이 달아 태우면서
액운을 날려 보내고 가족의 행운을 빌며
휘영청 밝은 보름달 아래 밤은 깊어가고

오곡밥과 보름나물을 먹으면서
자신과 이웃을 위해 한 해의 풍요로움을
기원한다

라일락 향기처럼

진초록 신록이 눈부시게 푸른 날
우리 부부는 기도원을 찾는다

매년 현충일 휴일을 이용해서
서울 근교에서 밤새워 기도를 한다

6.25전쟁 중 빨치산과 교전하다
전사한 장인어른의 고통을 생각하며

베트남 야전사령부 작전협의차 이동 중
사단장 경호차량의 나트랑 근교 교통사고

평소 말하지 못했던 불만을 토해내는
부부만의 오붓한 자유스런 시간이다

소박하지만 작은 행복을 느끼며
하나님의 사랑을 배운다

건망증

안경을 쓰고 안경을 찾고
방금 전화를 한 친구의 이름이 생각나지 않는다.

휴대전화를 손에 들고 머뭇거리며
상대방을 골똘히 생각해 본다.

육신도 정신도 세월의 흐름이
평온한 일상을 괴롭힌다

사계절

따사한 봄날에는
노란 개나리가

푹푹 찌는 여름날엔
짙푸른 초목이

차가운 가을날엔
오색의 단풍이

엄동의 겨울날엔
백야의 눈송이가 날린다

성가의 축복

주일미사에 참례하면
성가를 들려준다

일주일에 한 번은
성가를 듣고 자란 나

그 선율들이
장년이 된 나의 가슴에서

이제 하나님을 향한
구도의 축복으로 잠겨온다

벚꽃 아래에서

연분홍 벚꽃이
화들짝 피어

꽃비가 날리며
꽃구름이 하늘을 가리네

연인들의 화사한 옷차림과
들릴 듯 말 듯한 속삭임

이곳이 별유천지요
무릉도원 이구나

봄이 오는 서울

따듯한 기온에 꽃소식이 서울까지 올라와
여러 종류의 꽃들이 꽃망울을 틔우고

봄비까지 촉촉이 내리어
봄꽃이 더 아름답고 향기롭다

북한산 외진 등산로의 호젓한 산행에는
살 속까지 훈풍이 부드럽게 느껴지고

유유히 흐르는 한강물은 출렁이는 물결로
큰 너울이 강변에 부서져 흩어진다

주택과 공원에도 봄맞이 꽃으로 환하고
바야흐로 생명의 계절로 봄은 한창이다

그리움

어느 님의 그리운 소식을
이 한밤 부질없이 기다려보지만

외로운 가로등 여위어가듯이
추억 속의 사연으로 사라져 간다

너는 너
나는 나

한줄기 불빛에 고독을 머금고
그리움 그 위에 고이 서리다

사랑하는 당신

사랑하면서
이별을 생각한다면
진정 사랑한다고 말할 수 없다

진실한 사랑은
아름다움을 간직하고
기쁨과 행복을 주며

거짓 사랑은
고통을 남기고
웃음을 빼앗는다

어떠한 말로도
내 마음의 모두를
부담 없이
표현하지 못한 나

내 당신 곁에 두고
그리워하면서
영원히 사랑하리라

봄기운

대동강 물도 풀린다는 우수
매화가 꽃망울을 부풀리다
갓 피었다

어릴 때 뛰어놀던 그 장소
아릿한 봄의 향기가
코끝을 스치면서
봄은 오고 있다

보리밭 이랑마다
새싹이 파릇파릇
해안가 옥빛 파도에도
봄은 찾아오고
들녘에는
아주머니들이 쭈그리고 앉아
초록빛 풀을 들여다보고 있다

구름도 붉고 하늘도 붉은
슬픔을 바람으로 날려서
기쁨을 품 안에 보듬는다

해안가의 방파제에
파도가 부서질 때면
미풍이 감돌며
아릿한 봄의 향기가
코끝을 스친다
겨울은 흘러내리고
봄은 거슬러 오르면서
바다 내음 향긋한 천지가
무릇 봄 바다다

하늘이 열린 듯
노을 저편 숲 사이로
연분홍 꽃비 내리고 청명한 햇살이
아름다움을 뽐낸다

벚꽃

아슬아슬 나풀나풀
미니스커트 위로 봄이 춤춘다

꽃잎에 날개를 달고
기쁜 사연 전해준다

찬란하고 아름답게 빛나다가
덧없이 분분히 떨어지는 벚꽃

반딧불이와 함께

밤송이 가시 사이사이로
뜨거운 햇살이 멈추다 가는
찌는 여름날

복잡한 생활을 잠시 벗어나
청정한 공기로 꽉 찬 숲속에서
돌무지에 털썩 주저앉아
풀벌레 소리에 화음을 맞춰
콧노래를 부른다

덤불 속 그루터기 사이의
숲에서는
들꽃들이 군락을 이루며
자신의 아름다움을 뽐내고
짙은 향기로 유혹한다

색깔을 주워볼까
향기를 주워볼까

반짝이며 가까이 다가오는
반딧불이를 쫓아가면서
나 자신 자연의 한 부분으로
물들어간다

깊은 계곡에서는
맑은 물이 흐르며
시원한 바람이 앞뒤에서
방향 없이 불어온다

간이역

만남과 헤어짐으로
그리움이 머물던 곳

지금은 어떤 종류의 기차도
정차하지 않는 곳

이제, 역사驛舍만이
청량하게 산과 들을 지키며

지난 세월의 낭만과 추억을
머금고 있다

억새군락

불타오르던 단풍도 제 잎들을 하나 둘 내려놓을 때
자신의 고독함과 외로움에 더욱 애잔하고 쓸쓸해져
마음을 가다듬고 억새군락 지역의 등산에 나섰다

광활한 능선과 계곡으로 은빛 억새꽃이
방향 없이 하늘하늘 춤추며
가녀린 외줄기 대공에 온몸을 의지한 채
바람이 흐르는 대로 몸을 맡기고
하늬바람에 출렁인다

생명이 영글면 저리도 가볍게 날 수 있어
바람이 불면 미련 없이 자리를 턴다

토해내지 못한 무거운 불만의 앙금을
억새꽃에 실려 보내니 가슴이 휑하다

푸른 허공에 그림을 그리며 떼 지어 날아다니는
산새들의 지저귐이 갑자기 요란하다

길손을 배웅하는 아쉬운 작별의 인사일까
청명한 날씨에 공해를 피해 자연과 하나 되니
몸도 마음도 가볍고 편안하다

물아일체이어라.
노란 꿈이 영글면
이리도 가볍게 날 수 있는
머문 듯
또다시 바람이 불면
미련 없이 자리를 턴다

세월의 무게 다 내려놓는
바람에 실려 어디로 간들
거기가 고향이 아니겠느냐

철새의 군무

환경이 잘 보존되고
먹이가 있고
서식지로 환경이 갖추어지면
철새들은 공중을 날면서도
잘 찾아온다

올해도 철새들이
어김없이 먼 길을 날아
반가운 날갯짓을 한다

낙조를 배경으로 머리 위로
자연은 그 자체가 아름답고 화려하다

사랑하는 당신에게

차가운 날씨에 코끝이 쨍하였던
결혼 후 10년 되던 늦가을
그때의 생활은 을씨년스러웠으나
하늘은 푸르러 아름다웠고
반짝이는 별빛은 우리의 별이었다

모처럼 지인들이 만나 서로의 안부를 묻고
끝난 자식 자랑들을 하는데
난 2남 2녀의 아버지로
문득 당신 생각이 나서 편지를 씁니다

자식이 없어서 지인들이 걱정을 해준 친구들도 있지만
모든 결과는 우리 부부의 몫이었기에
나는 당신만 있으면 된다는 위로를 하고
조용히 자리를 지켰습니다

튼튼한 아들과 예쁜 딸을 얻어
기쁘고 행복합니다
이제 당신도 건강하고
우리 가족 모두 건강해야죠
여보! 보고 또 봐도
나는 당신을 영원히 사랑합니다

새해를 맞으며

저물어 가는 세모에
밖은 떠들썩하다

제야의 종소리를 듣고
마지막 가는 날짜를 아쉬워하며

희망을 간직하고
새해를 시작한다

달력을 교체하고
새로운 약속을 표시하며
많은 기대를 꿈꾸어본다

나와 이웃들이 서로 사랑하며
어려움을 이겨내고
모든 사람들에게
희망과 행복이 가득하길 빈다

세밑에 서서

한 해의 저물녘
연말이 한산하다

상가는 을씨년스럽고
점포 정리를 외치며
고객을 찾는다

불황
주저앉을 것인가
헤쳐 나갈 것인가

남도의 봄

겨우내 혹한으로
긴장된 근육이
조금씩 부드러워진다

쪽빛 바다가 출렁이며
양식장으로 백사장으로
초록의 파래가 밀려온다

바람 끝에도
햇살 끝에도
봄이 매달려
겨울을 밀어낸다

성숙된 자아를 찾아서

지리산 자락에 고즈넉하게
자리 잡은 평화로운 마을
논갈이 한 이랑 사이로
모가지만을 내민 개구리가
울음주머니를 실룩거리며
요란하게 운다
산 굽이굽이를 에워싼
둘레 길을 걷는다

누가 부르더냐!
수백리 길 마다않고
이마엔 비 오듯 땀이 흐른다
나 홀로
잠시 세상사를 잊고

지난날을 참회하고
미래를 가다듬으며
고난의 행군에 나섰다
나태한 자아를 깨우쳐 준 고행의 여행길
외롭게 걸어도 홀로 걷는 게 아니었습니다

사랑의 열매

나는 너에게
사랑의 벽이 되고

너는 나에게
사랑의 꽃이 되어

마음에는
고운 꿈을 품고

가슴에는
여문 씨앗을 담아

꽃같이 아름다운
하나의 생명으로

태어날 수 있도록
사랑의 열매를 맺자

복수초

꽃이 피고 씨앗을 맺고
계절은 오고 갑니다

복수초는 추운 겨울
눈을 헤집고 꽃을 피웁니다

변화에 둔감한 것일까
모진 세월의 극복일까

연약한 인간들이여!
복수초를 보아라!

봄의 소금강

능선과 능선 사이
깊은 계곡은
비경의 협곡을 만들고

수정처럼 맑은 물이
바위틈을 비집고
폭포를 이루면서

맑은 물이 고인 소에는
새 생명을 잉태시키며
신록이 고요히 드리워져
푸른빛으로 물든다

조용한 계곡에는
물소리와 새소리
등산객의 가쁜 숨소리와
발자국 소리뿐
고요합니다

깊은 협곡에 감탄하고
새순의 싱그러운 냄새와

계곡을 울리는
청아한 물소리
몇 군데 안 되는
원시의 숲이다

인생의 길

경쟁사회에서 인생의 길은
크고 작은 굴곡이 많다

올라가는 길만 있는 것도 아니고
내려가는 길만 있는 것도 아니다

오르고 내림을 반복하는 동안
갈고 닦이어 둥글게 된다

어쩌다가 위로 올라갔다고
우쭐댈 필요도 없고

부지불식간에 뒤처졌다고
열등감을 숨겨둘 필요도 없다

인간이 생존하고 있는 한
누구나 기회의 길이 있다

언제나 묵묵한 마음으로
내일의 희망을 가지고

조심스러운 몸가짐으로
내면의 보석을 찾으며

상대방을 이해하며
내 가슴속 양심의 소리를 듣고

세월의 질곡을 돌아 우직하게
살다 보면 현실의 고지가 보인다

별빛 속에 간직한 우리의 꿈
훗날 꽃피우리

나 홀로 산행

꽃도 없고 녹음도 없는 초겨울의 삭막한 산
산새들과 다람쥐들이 잠시 친구가 되어줄 뿐
주위는 황량하고 적막하다

촘촘한 나무 사이에 쌓인 두툼한 낙엽
마지막 남은 가을의 향기를 느끼면서

계곡 따라 청량한 공기에 마음을 헹구며
조밀한 등고선을 타고 쉬엄쉬엄 넘을 때면
산새 소리도 바람 소리도 친구가 된다

길은 낙엽이 흩어져 어지러이 쌓여 있는데
못다 한 삶의 애달픈 사연들이 묻어 있지는 않은지
불현듯 외로움에 젖어 잊혀졌던 기억들이 밀려오면
불현듯 누군가와 진솔한 대화도 나누고 싶어진다

재를 넘고 산자락을 따라 걸으며
마음을 비우고 새기다 보면
홀로 걸어도 외롭게 걷는 길은 아니었다

바람에 후드득 떨어져 널브러진 낙엽에
부지런히 나무 사이를 날며 쪼고 배설하며
제 무게를 버티는 새들
일상의 번잡스러움을 벗어나
가볍게 운동하고 호젓하게 쉬고 싶다

산골마을의 가을

젊은이들이 떠난 적막한 산골마을
노인들만 남아 서로를 의지하고

이웃끼리 품앗이로 농사를 짓고
따스한 마음을 나누며 하나로 살아간다

흙과 돌로 축대를 쌓아 만든 다랑논
하얀 벼꽃이 나락에 매달려 쨍쨍한 햇살을 받고
씨알이 누렇게 여물며 고개를 숙일 즈음

층층이 짙어지는 황금빛 물결을 바라보는
산골마을의 가을은 풍요롭다

산비탈에는 도토리와 밤이 떨어져 골에 쌓이고
마당 끝자락의 대추도 붉게 익어 풍요로우며

창공에는 하얀 뭉게구름이 끝없이 피고 지고
농부의 지게에 얹어가는 바람도 써늘하다

깊어가는 가을의 저녁노을에 바람이 스치면
온 집안은 국화꽃 향기로 가득하다

전원생활에 대한 이끌림

심술쟁이 바람에 환한 꽃잎이 쏟아지며
꽃비 되어 길 위에 뒹군다
오랫동안 봄의 아름다움을 보고 또 보고 싶건만
자연의 변화는 왜 이리 빠른지
그래서 옛 노랫말에 "화무는 십일홍"이라 했을까?

봄꽃이 지고 나면 물이 차오른 가지마다
연두색 보드라운 잎이 고개를 내밀고
초록으로 옷을 갈아입는다

푸른 하늘에는 뭉게구름이 바람 따라 흐르고
산과 들이 신록의 향기로 인간을 부를 때면
계절의 변화를 항상 설레는 마음으로 맞게 되는데
산을 오르다 보면 듬직한 산을 병풍 삼아
양지바른 곳에 산간마을이 고즈넉하게
자리하며 삶의 여유를 주기도 한다

간혹 산림을 벗 삼아 자연에 몸을 숨기고
쫓기지 않는 넉넉한 마음으로
노후를 보내고 살고 싶은 것도
이와 같은 연유 때문일까?

아름다운 결혼

결혼은 해도 후회하고
안 해도 후회한다고 한다
미래의 꿈에 설레는 신랑 신부
식장은 화려하고 음식은 풍성하다

요즈음은 신랑 신부가
몸짓은 엄숙한 듯하면서도
마음은 부드럽고 자유롭다

주례 선생님의 주례사를 경청하고
동료 선배들의 축가를 감상하며
분위기는 절정에 이른다

혼전에는 눈을 크게 뜨고
결혼 후에는 눈을 반쯤 감아라

나무가 지탱할 수 없는 많은 열매를 맺으면
몸체나 가지가 부러진다

농사는 망친 것이다
인생사도 또한 같다

그리움 사랑되어

눈을 감고
잠시 생각에 잠긴다

아가씨는, 나를
사랑하는 것일까
싫어하는 것일까
흐트러짐이 없이 냉정하다

계절이 바뀌면서
그녀의 마음에도
변화가 왔을까

나의 우직함에
그리움 되어
마음이 끌렸을까

어느 날, 그녀는
예고 없이 찾아와
나에게 장미꽃을 안겨준다

길

길은 많은 사람들이 오고 가면서
저절로 만들어지기도 하고
오고 가지 아니하면 없어지기도 한다

길은 만나는 사람끼리 서로의 안부를 전하고
그리움과 정을 나누며
서로의 근심과 걱정을 염려해주는 쉼터다

짧은 지름길보다 먼 길을 돌아돌아
느릿느릿 걸어갔던 추억의 길이 있는가 하면
부푼 청운의 꿈을 간직하고 출세를 위해
걷던 환희의 길이 있고
삶의 고통을 겸손하게 받아들이고 터득하기 위한
인고의 길이 있다

길은 어느 곳에 어떠한 형태로 있다 하여도
꼭 가야 할 사람은 지나가야 한다
지나온 길이 부족하고 아쉬움에 잠긴 길이라면
가야 할 길은 행복이 넘치는 길이어야 할 텐데
이즈음, 나는 어떠한 길을 걸어가고 있는가

도시 근교의 석산(石山)

숲도 빈약하고 나무도 크게 자라지 못하던 쓸모없는
아무도 관심을 주지 않던 척박한 거의 버려진 돌산

집을 짓고 빌딩을 짓는 건축 재료로 수요가 늘면서
채석장은 넓은 공간도 만들어주며 돈 산이 되었다

오랜 세월 속의 풍화와 함께 버려졌던 산
지금은 높은 수직 절벽으로 독특한 풍광도 뽐낸다

폐석산廢石山의 돌 캐낸 상처가 절경으로 아물어
미인이 되었고 효자가 되었다

그대여! 부족함에 대해 조상 탓만 하지 말고
자신만의 개성을 찾고 특기를 살리며 미쳐라

부여 낙화암의 비극

사비성을 적시고 부소산의 서쪽에 접하여
유유히 흐르는 백마강은

석양의 붉은 빗살에 눈부신데
낭떠러지기에서 버겁게 버티고 있는 낙화암
고요히 아무 말이 없다

나, 당 연합군에 의해 결사대 오천 명이 괴멸되고
충절어린 꽃다운 삼천궁녀의 여인들이
거친 강물로 뛰어내려 나라와 운명을 같이한 곳

벼랑에 핀 고란초는 절박한 순간을
기억하고 있을 텐데, 말이 없다

그 고통스러운 비극적 최후를 어떻게 위로하랴
석양에 붉은 빗살만이 핏물 되어 비추인다

셈을 할 수 없이 긴 시간이 흘렀지만
텅 빈 가슴을 미칠 듯이 뛰게 하고
오늘을 살아가는 우리의 마음을

쓸쓸하고 애처롭게 한다
역사의 현장이 나를 깨우쳐 줍니다

충절로 뭉친 숭고한 낙화암의 넋이여!
대한의 고귀한 딸이여! 아름다운 꽃이여!

나, 그 역사의 터에서 님을 기억하노라
나, 그 역사의 터에서 님을 그리노라

젊은 날의 회상

어느 틈에 나의 젊은 날은 가고
인생의 뒤안길에서
심신도 저물어간다

지난날 현실의 빈자리를 채우고 싶어
새벽과 저녁의 어둠을 오가며
삶의 청춘을 불살은 것도
과거로 흘러갔구나

성취감에 위로받고
자신감에 지칠 줄 몰랐던
영원 속에 잡아두고 싶은 소중한 시간들!

아득해져가는 그 젊은 그날들이 그리워
애처로이 옛 잔상을 더듬어보며
젊은 날의 추억에 잠겨본다

말없이 흐르는 세월의 비탈길에서
잊혀져가는 시공 속에 남아 있는
삶의 흔적을 뒤돌아보며

회한의 아픔을 하나 둘 접는다

이루지 못한 꿈 이룬 꿈들이 엇섞이면서
육신의 꽃도 마음의 꽃도 저물어간다

젊은 날은 가고 다시 돌아올 수도 없지만
지난날의 감미로움에 미소로 답하며
늘 장밋빛 삶으로 살고 싶다
아름다웠노라. 행복하였노라.

겨울 저수지

차가운 기운이 코끝을 스치는 여명에
저수지는 붉은 기운으로 번지고
주변의 나무들이 펜화처럼 서 있다

허리가 꺾인 갈대들이 하얀 옷을 입고
바람에 흰 가루를 날리는 사이로

겨울 철새들이 후드득거리며
잠수를 하면서 안쪽으로 미끄러져
저수지의 빈자리를 채운다

철새들의 안부를 묻고 싶어질 즈음
청둥오리 떼 한 무리가

낮은 물안개를 뚫고 비상하며
울음을 길게 끌고 날아간다

어디로 가는 걸까
겨울의 서정이 물씬 느껴진다

님 생각

호수가에 비추이는
달빛이 너무도 밝아
한 아름 그리움에 담아
그대에게 보내오니

님이시어 어두운 밤길
등불로 삼아
바람 타고 내 품으로
사뿐히 오소서

밤하늘에 반짝이는
별빛이 너무도 고와
별 하나 따다가
그대에게 보내오니

님의 보금자리
환한 빛 흐를 때
은하수 다리 삼아
찾아가리라

너와 나의 사랑

눈을 뜨면 큰 산이 보이고
눈을 감으면 작은 산들이 보인다

눈은 뜨면 가까운 곳이 보이고
눈을 감으면 먼 곳이 보인다

구름 위에 떠서 구름 위로 숨는
술래잡기 사랑

시린 손 마주잡고 이마를 맞대며
그림자에 숨어든 사랑

눈을 지그시 감으면
더욱 선명하게 도드라지는
지워지지 않는 그 향기
내 죽어도 그대 잊지 않으리

나의 인생

바람이 불고 비라도 내리면
스산한 날씨와 함께 소름이 돋던 유년기

푸른 창공에 흰 구름 피어오르며
상상의 모양을 끝없이 그리던 꿈 많던 소년기

무슨 일이든 해낼 수 있었던 자신만만함과
희망이 출렁이며 용솟음치던 청년기

젊은 날을 뒤돌아보며 인생의 성장과
한껏 멋스러운 성숙함과 여유를 즐기는 장년기

이젠 홀로 마시던 커피도 그리운 누군가를
필요로 하며 떨어지는 한 잎 낙엽에도
더없이 약해지는 노년기

한 세월 주마등처럼 스치며 소슬바람 분다

해변의 녹슬은 기차길

짙푸른 바다가 안길 듯 달려오며
철길 가까이는 절벽이다
추억의 길이다

풋풋한 사랑을 가슴에 품은
젊은 연인들의 사색의 철길

파도가 달려와 잔잔한 바람이 되어
해변의 등대를 휘감아 스치며
귓전을 간질이는 바람 한 줄기

폐선 기차길이며 파도며 바위며
모두가 과거의 길이 되리니

지금이 가장 행복한 시간
연인들의 사랑은 터질 것 같다
아름다운 꽃길 되리라

꺾어진 꽃들이여

우리의 사랑하는 아들딸들이 죽어간 그곳
서울 용산구 이태원동 핼러윈 행사장
짝 잃은 신발 찢어진 옷 조각 신호가 울리는 핸드폰

차마 눈 뜨고는 볼 수 없는 널브러진 개인 용품
가늠할 수 없는 슬픔에 통곡하노라
젊음을 꽃피우다 꺾인 우리의 아들딸들이여
꺾어진 꽃들이여 사랑합니다. 용서하소서
사람들에 막혀 오도 가도 못하고 꼼짝달싹 못하고
죽어간 영혼들이여
한국어 공부, 관광지 방문 등 외국인까지도 함께 했던 곳
몇 해 전 국제기구로부터 선진국으로 승격된 대한민국
부끄럽습니다. 통곡합니다. 무슨 말로 답변할까요
그들은 우리의 사랑하는 아들딸

누구의 잘못입니까
꿈 많던 우리의 아들딸
세상을 하직하며 아빠 엄마를 얼마나 원망했을까
모두 우리의 탓 용서해 주세여 통곡합니다.
우리 세속에서 못다 이룬 꿈 그곳 천국에서 꽃피우소서
삼가 고인의 명복을 빕니다.

일편단심

추억은 남듯이 옛 생각 솟아오른다
빨갛게 노을 타다 해가 기울 때
들꽃 같은 당신 그리며 생각에 잠긴다.

아쉬워 맴돌다 맺은 우리 사랑
서로의 향기에 꽃 피워 온 당신이기에
남은 여생 바위처럼 사랑할게요

마음과 마음으로 맺은 너와 나
정새기면서 보듬고 이해합시다
당신이 내게 얼마나 소중한 사람인지
즐거웠던 그날이 아련히 떠오릅니다

둘이서 걷던 갈대밭 숨어 우는 바람소리
청춘은 지고 있는데 인생이 아쉽습니다.

노을 저편 추억의 별 떠오를 때면
우리 사랑 더욱 단단해지겠지
고마워요, 행복해요, 사랑합니다.

어머니의 신체 변화

나는 몇 해 전 지천명의 나이에
어머니 모시고
지인의 칠순 잔치에
다녀왔다.

산기슭 돌아
계곡을 타고 물길을 걷다
어머니 업고
징검다리를 건넜다.

왜 이리 가벼우실까
어린이 같은 무게
어머니 얼굴 잔주름 늘어나시는데
평소 무관심일까

살피지 못한 죄스러움
눈물만 납니다

돌릴 수 없는 세월
고생만 하신 어머니

이슬에 젖고
달빛에 젖으며 살아온 어머니
젊은 시절부터
젖은 가슴 무한 희생하며
남편 자식 위해
몸 바쳐온 어머니

인간으로
세월의 흐름 느끼며
자식으로
온몸이 저려옵니다.

순명

붉은 서녘 하늘
저녁 바람에
억새 울고
어두움 짙어지며
고요한데

고달픈 인생길
수많은 희로애락 겪으며
나 이제 70인생
하나 둘 기억력 지워질 때
노을길 걸으며 회고한다.

삶의 아픔 속
살아갈 이유 있음은
살아오는 동안
침묵한 처자 보물 같은 자식
사랑스런 손자 손녀
내가 살아 있는 동안
더욱 보살펴야겠다

머지않은 날
하나님 부름 있으면
명 따르리

아버지

세월의 강 몇 개를 건너며 고생하신 아버지
모든 시간 멈춰 버린 추운 겨울날
땔감 위해 먼 산의 출발선 논길 걸을 때

쿵! 미끄러지며 아래 논으로 떨어질 때
고통의 신음소리 애처롭고 불쌍한 아버지

여러 달의 치료와 많은 분들의 위로
지금은 완쾌되었습니다.

고맙고 감사합니다.
앞으로 사랑이 머문 자리 사랑으로 도우렵니다.
풀벌레 우는 초가집 행복합니다.

중학생 타락 사건

세상이 왜 이토록 타락했는지
국민 모두가 자기 본분에 충실한 요즈음
일부가 불안을 야기하며 험악해졌다.

중학생이 아무 이해관계 없는 여성 국회의원을
별안간 장돌로 치고 쓰러뜨리고 이후
18분간 10여 회 폭행 시 보좌진은 무엇 했는지

2일간 입원 후 퇴원 그만하길 다행이다.
백주 대낮 서울 강남 한복판의 사건
범인은 정신병자인가 누가 시켰나 무슨 이유일까
증오의 정치가 우리 일상을 점령한 것일까

대한민국 정신 못 차리고 자충우돌 시
불로, 폭발물로 재난으로 폭망한다.
모두가 깊이 반성하고 똑바로 정신 차려야.

인생 노년

산에 붉게 물든 낙엽만 쌓이고
들에 누런 벼 익고 찬바람 부는데

청춘은 묻히고 노을만 남네
세월 따라 사라져 간 인생사

저 별은 알까 모를까
잊고 싶은 기억 많기도 많은데

실패와 성공
고뇌의 시간 보내며
온갖 시름 구름 속 날려 보내리

옛 생각

늙은 소 하품하며 뻐꾹새 구슬피 우는 봄
노곤한 오후 어린 시절 그리워지며
바람소리 쓸쓸하고 새소리 처량하다

흘러간 추억 반추하며 그리워질 때
꽃 피는 언덕 버드나무 아래 앉아
먼 산 바라보며 생각에 잠긴다.

노을 진 들판 엄마 구름 환히 웃으며
옛 생각 구름 따라 흐르는데

어제의 기다림 오늘의 그리움 되어
세월 베고 노을 타고 오네
그립다. 그 시절

가을 수확철

낙엽 붉게 물들고
날씨 스산하다.

수확철 농촌 분주
떨어진 사과
바구니에 담는데
슬프고 마음 아프다

농사 종목에 따라
희비가 달라

농부들 표정도 갖가지
바람 더욱 세차게 불며
풀꽃 열매 사방 날린다.

추억여행

우리는 외롭지 않은 행복한 가족
장미꽃 빨갛게 피어난 정원

밝은 달빛 별들도 반짝이고
가족끼리 모여 앉자

눈빛에 취해
향기에 취해

가족정에 매료되어
까마득한 지난날의
기억을 되새긴다.

몇 개의 추억을 줍고
감춰진 마음 확인도 하고

정겨운 분위기
지금은 별들도 잠드는 늦은 시간

둘이서 걷던 갈대밭

떨어진 꽃잎 향기
아직 가득한데

조용한 시골길
바람 거칠구나

둘이서 걷던 듬성한 갈대밭
호밀밭이 간혹 시야를 가린다.

종종 찾아오는 외로운 마음
숲속에서 숨어 우는 바람소리

더욱 고독
잊고 싶은 지난날의 기억들
바람결에 날려 보내고 싶다.

인생은 흘러

바람처럼 구름처럼
사라져 간 인생

꽃처럼 아름답고
새순처럼 싱싱했던 우리

이제 노을길 걸으며
여러 기억을 되새긴다.

인생길 고달픔 속에도
살아갈 이유 있음을

내 평생 성공해서 행복하리라
기대한 바 컸다

나이 들어 더욱 고독하고
의지하는 내 사랑
그녀도 세월의 주름은
막을 수 없네
꽃 피던 시절도 옛날

얼굴 주름 깊어지고 기억력 약화
인생 도망치듯 사라진다.

어두운 밤하늘의 달처럼 별처럼
남은 인생 환하게 살자
당신과 오랫동안 머물고 싶어라

그리운 님

초가집 앞마당 나무 무성하고
만물 소생하는 따스한 봄날

아침부터 나무 사이 까치 요란하다.
꽃구름 타고 님 오시려나
참사랑 새기면서 기다려 본다.

잊는다 하고 무슨 이유로 그리운가
기다리던 꿈길 열리는가

내 고향 봄은 가고 여름 오는데
님은 왜 안 오시나

아련히 스며드는 옛 추억
그리움만 쌓이네

인생 황혼의 아쉬움

안개처럼 흐르는 세월 속
나 혼자 멈춰 되돌아보니
아픔 속 슬픔 즐거움 속 행복 있었네

강변 모래밭 갈대 소리
외롭고 고독하구나

지나온 세월 아득한데
흐르는 세월 아쉽구나

먼 길 떠나는 나그네처럼
굳게 마음 갖지만
벌써 웃음 익어가는 황혼 되었네

마디마디 지우고 싶은 생각들
정월 대보름 달집 태우듯
모든 걱정 날려 보내리

객지 생활

고향땅 멀리
객지에서

어머니 생각에
감정이 동요
눈 이슬 맺히네

어머니 얼굴
그리다 잠들고
밤 지새우기 여럿 날

뜬구름 쫓다
흘러간 청춘

저만치 가버린 세월
별이 되어
빛나고 싶어라

웃음꽃

맑은 하늘 푸르른 초록 냄새 풍기고
떨어진 꽃향기 가득한데
젊은 가슴 지평선 멀리 달리고 싶다.

뒷동산 보름달 뜨고 밝은데
흐르는 세월 붙잡아 두고 싶다.

날씨 따뜻하고 군데군데 꽃잎 붉은데
앞마당 화단에 피어난 찔레꽃

한 잎 따다
한평생 고생하신 어머니께
냇물에 띄워
사랑의 소식 모아 모아
웃음꽃으로 전하고 싶다.

외로운 사람에게 용기를 주는 웃음꽃
메마른 세상에 활력을 주는 웃음꽃

뭇사람에게 사랑받는 웃음꽃으로
영원히 피소서

부부 해로

인생이란 무대에서
나에겐 오직 당신뿐
우리 처음 만나던 날
노을이 비쳐오는 저녁이었지
꿈 많던 시절 보내고

온갖 희로애락 겪으며
사연도 있지만
사는 게 힘들 때
가슴 적셔 주던 당신

해가 뜨고 달이 지고
연을 맺은 후
강산도 여러 번 변했는데
푸르던 가슴 세월 흘러
주름져 가는 안타까움
남은 세월 근심걱정 태우면서
이해하고 양보하며 행복하게 살자
지난 세월 벌써 70년
나직이 콧노래 부르면서
손을 꼭 잡았다.

농촌풍속

푸른 창공 종달새 울고
앞산 뻐꾹새 울 때
대낮 졸음 몰려오네

산 해빙 후 계곡물 돌돌 흐르고
들 풀잎 솟아나 푸르름 짙어

농촌 일손 바빠지는 농사철에
오후의 햇살이 강해지며
검은 구름 소낙비 오네

청년 남자들 한두 명씩 들녘에 나와
농사일 돕는데

밭갈이하는 소몰이꾼 외침소리
이랴 쩟쩟 이랴
소가 움직이고 새참 약주가 나온다.

전형적 농촌 풍경이로구나
싱그러운 5월 신록 풍년 되소서

그리운 외할머니

날 길러주신 사랑하는 외할머니
외할머니 부재중이면
몸에 힘이 빠지던 어린 시절

몇 년 지나 난 사춘기
외할머니는 중풍으로 몸 불편

극도의 사랑으로 자란
손자였건만

당시 불효했고
냉담했던 나

외할머니!
그리움에 서러워 울고 있습니다.

외할머니 불쌍한 인간
용서하소서

하나님 불쌍한 영혼
긍휼이 여기소서

동학혁명을 기억하며

피 솟는 정의의 함성 몰아칠 때

금수강산 조국 품에서
새소리 물소리 갈잎소리 들으며
태어난 민초

그들은 우리의 형제자매 친구 이웃들
1894년 고부 군수 조병갑의 탐욕에 항거
물밀듯이 발생한 동학혁명

후일 청일전쟁의 도화선이 된 혁명
빛나라! 혁명의 영웅들이여!
당시 상황이 주마등처럼 스친다.

역사 속 기록으로만 알고 지냈던 혁명
당시 관의 부패와 외세에 항거한 사건

정의의 전사여!
시대의 선구자여!
전봉준이여!
후손은 영명한 선조를 기억하노라
영원히 빛나소서

석별지정

서로를 의지하며
가슴 기대던 군 선후배
초급장교 시절
군 인사 발령 특명에 따라

정든 선배이자 동료를
떠나보낸 당일
난 숙소 옆 벽에 기대
흐느껴 울었습니다.

하고픈 말
다하지 못하고
갑작스레 떠난 선배

고독한 전방에서
나날을 보내며

외로운 정 나누던
두 사람
일거수일투족을

같이하던 선배가
갑자기 당일 오후
먼 타 지역으로 떠나면서
근 1년간의 생활이 추억이 되었지요

몇 년 후 두 사람은 우연히 같은 군단 소속으로
직할대에서 만나 몇 개월 연락 중

저는 전역을 하고 선배는 군에 잔류
이후 오랜 이별이 되었습니다.
부디 건강하소서

꽃동네 살자

푸른 산 노을 업고 조용한데
하얀 찔레꽃 향기롭다.

오랜 가뭄 속 피어난 야생화
환경을 극복하고 청초하구나

건강한 꽃씨 모아 꽃길 만들어
오가는 길손 즐겁게 하자

붉게 타는 저녁놀 아직은 밝은데
주변은 시나브로 어두워지는구나

별이 지고 날 밝아오면
꽃동네 만들어 오손도손 살자
내일의 꽃대궐 꿈꾸며 살자

회상과 추억

주위에 초록이 짙어지고
활짝 핀 꽃향기 가득한데

푸른 창공 종달새 지지배배
군데군데 피어난 야생화
울긋불긋 타오른다.

마음속 잠재된 많은 생각들
갈잎 날리듯 흩어져 뒹구는데.
잊어져 가는 추억의 기억들
붙잡아 두고 싶다

등 떠밀리는 세월의 흐름을 느끼며
내 안에 숨 쉬는 삶의 조각들을
모아모아
내 회상하고 추억하며
기억 속 남기리라

일취월장

바람이 세차게 불다
어지러이 머물다 간 곳

질퍼득한 시골길에
마차, 자동차가 달리는 것은
후일 고속도로가 되고 많은 차량이
오고 가기 위한 준비입니다.

땡감 조금씩 익어가는 것은
홍시가 되기 위한
숙성 과정입니다.

나의 얼굴에
주름이 생기고 머리카락이 희어지는 것은
인간이 성숙해지는 과정입니다.

아버지, 어머니 너무 걱정 마세요
아들은 조금씩 익어가고 있습니다.

누구나 꿈이 있고 추억이 있듯이

저도 꽃처럼 영롱한 꿈이 있고
바람처럼 흐르는 추억이 있습니다.

사는 동안 불꽃 태워 노력하리라
환하게 웃으세요.

후회

바람이 머물다 간 들판에
빨갛게 노을이 타고
누렇게 익어가는
벼가 수확을 기다릴 때
부지런한 집 마당에
타작 소리 들린다.

자식 잘되길 기도하며
검은 얼굴 되신 아버지
갸웃이 머리 숙인
뒷모습에 가슴이 아프다.

반가워 버선발로
뛰어나오시던 어머니
한평생 희생하신
어머니의 패인 주름

굽이굽이 가시밭길
논밭에 묻혀서

이슬에 젖고
달빛에 젖은 부모님

마음속 상처
세월 속 지워버리세요
회한만 남고 후회만 됩니다.
용서하세요.

어린 시절 머물다간 산야

살랑살랑 바람이 분다.
재 너머 절골이 뒷동산 에미산이 그립다.
말의 전설이 있는 말봉산이 보고 싶다.
궁과 맛골 따비밭이 보고 싶다.

할머니 댕댕이 바구니를 따라다니던 어린 시절
초등학교를 입학하고 강 하나 사이에 두고
인근 오송 초등학교로 전학

군 입대 시까지 머문 이후
대부분 서울 생활을 하였다.

어느 곳에서의 추억도 그립고 애달프지만
붉은 저녁노을 소쩍새 울음소리 더욱 그립다.

세월 따라 달이 뜨고 해가 지던 그 시절
꿈 많던 지나간 시간이 더욱 생각난다.

세월이여 비켜 가시옵소서
구름이 흐르고 향기 흘러
지난날이 아쉽기만 하다.

교훈

단풍 곱게 물들어 가는
산중에도
찬바람 따라
낙엽만 쌓이는데

꿈처럼 지나간 과거 세월
아쉽고 그립구나.
온종일 토속의 향기 찾아
사방 헤매다

겨우 송사리 몇 마리 잡았네
부족한 듯싶으나
꿈 찾아 살아가는 노년기

긍정적 마음으로
욕심 버리고
즐겁고 행복하게 살자.

동무 생각

뒷동산 푸른 숲에
산새들 날고
술래잡기 놀이하던
동무들 생각난다

그 모습이 그리워
한달음에 모였는데
보고 싶은 그 얼굴
왜 아니 보이나

흙냄새 향기 품은
그 동무 옛 생각에

나 홀로 길에 서서
그 시절을 그리네
동무야! 보고 싶다!

남한산성

울창한 숲은 아름드리 수목이 너울너울 춤추듯 하늘 높이 솟고
푸른 한강은 시공을 초월해 유유히도 흐르는데
격동의 시대에 조국 강토를 방어하기 위해 외세에 맞서 싸웠으나
조정의 국론분열로 내우외환을 자초하고 한 맺힌 굴욕을 당한 항전의 현장.

남문에서 수어장대까지는 노송과 풀숲으로 이어진 오르막이다
군사들의 피와 함성이 묻혀있는 둔덕과 바위를 넘어
진초록 이끼가 낀 성벽을 따라 가쁜 숨을 몰아쉬며 오르다 보니
산악회 깃발을 든 등산객들이 무리를 지어 따라오고 있다.

뒤처질 새라 이마에 송골송골 맺힌 구슬땀을 손가락으로 훑어내며
전력을 다해 수어장대가 위치한 청량산 정상에 올라서니
멀리 한강과 아차산이 한눈에 들어오는 곳으로 조망이 일품이다

돌연히 까치 한 쌍이 날아와 응얼거리며 떠나는데 호연지기에 취한
철없는 길손에게 무슨 사연을 전한 것일까?

수어장대에서 서문까지는 가야 할 거리가 가까워지는 것이 두렵다
추운 겨울날 인조가 47일간의 항쟁을 끝내고 설움에 복받쳐 통곡하며 이 문을 통해 굴욕의 삼전도로 향한 곳으로 그 발걸음이 얼마나 무거웠을까?
역사의 현장을 지켜본 놀랜 초목들은 아득한 세월 속에 묻혀 버리고
사시사철 푸른 토종 소나무들만이 대를 이어 당시의 비사悲史를 증언하듯 한 맺힌 혼령처럼 몸을 비틀고 서 있다.

역사의 두께를 더한 오늘의 현장에는 창검으로 무장한 장수도 군병도 없다
서로가 충신이라고 목숨 걸고 정쟁으로 투쟁하던 주화파도, 척화파도 없다
다만 "안 되면 되게 하라"는 대한민국 국군의 최고 정예부대가 그 산기슭을 지키고 있을 뿐이다.
역사는 오늘도 살아 숨 쉬며 가르침을 준다

추석

추석은 우리 민족 고유의 전통 명절로
모처럼 바쁜 일상에서 벗어나
평소 자주 보기 어려운 가족 친지들이 모여
안부를 전하고 정을 나누며
마음 편히 보낼 수 있는 날이다

"더도 말고 덜도 말고 한가위만 같아라" 하는
풍성한 수확의 계절로
마음도 보름달만큼이나 넉넉한 때다
햇빛과 바람을 타고 누렇게 익은 풍성한 들판
햇곡식으로 정성을 다해 빚은 음식
몸은 들썩이고 마음은 설레인다

목주름이 깊어지고 지팡이로 거동하시면서도
고향 들녘 논두렁 갈림길까지 마중을 나와
기다리시는 어머님의 가히 없는 사랑에

고향을 오고 가며 힘들고 지친 심신이지만
명절은 혈육의 애절한 정과 그리움을 나누는
만남의 시간이요 하나 됨의 기회이다

낙엽

쓸지 말아주오
그냥 두어도 서러운 것

스산한 바람 타고
거친 대지 위에 떨어진 낙엽

그대로 놓아두오
아무렇게 버려져도

숨겨진 사연
노출될 때

다시 만날 언약이라도
남기고 싶다오

내 가슴속에 머물다간 우정

대지가 꽃으로 물든 따스한 봄날
우리 눈을 마주하며
부푼 꿈을 안고
곁에서 함께 호흡하며
마음을 나누었던
친구였지

약관의 나이에
부푼 꿈으로 내일을 기약하며
굳게 다짐했던 약속들
초록으로 물든 정
혼돈의 세상사로
미움도 쌓이고 분노도 쌓였네

사랑의 눈빛 흐려졌네
어찌 세월만을 탓하랴
귀밑머리 희어지니
지나간 세월이
너무도 덧없구나
잃어버린 우정이여
그리움의 상처여

그리움 강물같이

약관의 나이에
초록으로 물든 정

청년의 끓는 피
귀밑머리 반백 되니

지나간 세월이
너무도 덧없구나

성긴 별 사라지면 먼동이 트이듯

미움도 쌓이고 분노도 쌓이는데
어찌 세월만을 탓하랴
사랑하였기에 미워하였으리니

할미꽃

봄을 알리는 할미꽃이
따스한 햇살과 함께
옹기종기 피었습니다

꽃을 막 피운 고개 다년초
헝클어진 흰 수염을 밀포하고
모든 것을 털어버린 꽃

할미꽃의 생애는 짧지만
무분별한 인생살이를
깨우쳐 줍니다

이사 가던 날

이삿짐 차 떠나는 시간
가을 하늘 푸르다
고추잠자리 떼 지어
석별의 비행을 하고

친구 몇 명이 전송을 하며
웃는 듯 우는 듯
눈시울이 붉어진다

친구들아!
변치 말고 자주 연락하며
그리움 속 우정 나누자

친구들이 서 있던 그 자리에
흰 구름만 고요히 흐를 뿐
아무도 보이지 않는다

2부

계절의 노래

봄이 왔는데도

청초하고 우아한
동양란을 키우며

지난해 가을
분갈이를 하고

정성을 다해
보살피었다

새봄이 되어도
잎은 마르고
생기가 없다

계절이 바뀌고
알맞은 생육 환경에도
반응이 없구나

봄이 오고 꽃이 피고

늦은 꽃샘추위에 꽃망울이
오그라져 터질 듯 멈추어 있다

며칠 동안 눈길을 주지 않다
신문 방송을 듣고 호들갑을 떨었다

광양 산기슭에 매화가
환하게 피어 있고

구례 개울가에는 산수유가
노란 물감 뿌린 듯 환하다

섬마을 동백꽃은 낙화가 되어
철을 힘겨워한다

세월도 흐르고 계절도 간다

봄소식 1

봄은 어디쯤에서
꿈틀대고 있을까

산 너머 우물가에서
머뭇거리고 있을까

냇가의 징검다리를
건너지 못하고 있을까

수평선 너머 너울 타고
오고 있을까

지평선 너머
아지랑이 속으로
오고 있을까

살랑살랑 불어오는
바람이 한결 부드럽다

동토에 갇혔던 파릇한
싹이 머리를 내밀고

발가벗은 나뭇가지가
푸릇푸릇하고

기력을 보충한 꽃망울이
껍질을 터뜨리며

봄은 어느새
우리 곁에 바짝 다가와 있다

봄소식 2

겨울의 침묵에서 깨어나
강물의 얼음이 풀리고

새싹이 갸우뚱 솟아오르는
강둑을 걷노라면

아낙네의 바구니에서
농부의 손길에서
봄이 흐른다

산굽이를 휘어 도는 물길 따라
산마루를 훌쩍 넘는 바람 따라

봄의 활시위가 목표를 향해
금세 손을 떠날 것만 같다

봄소식 3

찬 기운 가시고
봄바람 불어온다.

텃밭 장다리꽃
장독대 개나리꽃
집안이 온통 노랗다.

들녘에선
농부의 일손 바빠지고
배고픈 듯 목매기 울음소리 들려온다.

농수로 돌 틈에
겨울잠 깬 동물들이
한 무더기 뒹굴며 생명이 이글거린다.

기찻길 선로 따라
불같이 타오르는 아지랑이
시작도 끝도 없구나

춘색에 취한 종달새
하늘 높이 솟아
흥겨운 듯 목청껏 울어댄다.

생명의 소리가
생명의 향기가
천지에 시샘하듯 퍼진다.

봄 1

바람에 날리는 꽃잎 향기 그윽하며
만물이 조금씩 움트는 따스한 봄
새파란 풀잎 물 위에 떠 흐르고

꽃 내음 향기 그윽하고 산새 지지배배
계곡 맑은 물 돌돌돌 바람소리 휘이잉

물에 송사리 떼 지어 돌 틈에 숨고
산에 개구리 웅크려 숲으로 뛰네
봄이 왔네, 봄이 왔네

봄 2

사계절 가운데 봄은 한 글자
여름. 가을. 겨울은 두 글자
그래서 봄은 짧은가 보다

쏟아지는 봄볕에 몸을 맡기고
꽃에 반하고 향기에 취해
무엇에 홀린 듯 길을 걷는다

꽃 보러 가는 길은 봄맞이 가는 길
남풍에 실려 온 따스한 사연들이
하늘하늘한 옷자락에 휘감긴다.

봄 3

강물의 얼음도 풀리고
계곡의 잔설도 녹아

굽이굽이 돌아가는
강둑을 걷노라면

버드나무 몇 그루가
파릇한 생명을 알리고

산자락 아래 밭이랑을 따라
아낙네가 냉이를 캐며

농부의 활시위가 겨울의 침묵을 깨고
들녘은 분주하게 봄을 맞이한다

봄 4

구름 사이로
살포시 고개 내민 햇살

텃밭 덤불 걷으니
동면한 남새가 갸웃이 머리를 내민다

장독대 개나리꽃 꽃망울 부풀고
따사로운 햇살이 봄소식 전해준다.

산기슭 노랑 장다리 밭 나비들 어지러이 날고
동구 밖 복사꽃 과수원에 꿀벌들 윙윙

외딴집 오솔길 사립문가에
병아리 한 가족이 오순도순 노닐다.

가을을 맞으며

눈이 부시도록 푸른 하늘에
아침이슬이 영롱하다

말복의 꼬리가 길게 이어지고
폭염의 기세가 꺾일 줄 모르더니

처서가 지나면서
태양의 열기도 식어

코스모스 활짝 피어 하늘거리며
오고 가는 길손을 반갑게 맞는다

맑고 시원한 공기로 가슴을 채우니
몸도 가볍고 마음도 상쾌하다

가을과의 이별

바쁜 일상으로
화려한 단풍을 찾아보기도 전

진눈깨비를 동반한 영하의 추위에
겨울의 문턱으로 들어서며

많은 나무들이 잎을 떨구고
육체미를 자랑하며 버티고 서 있다

발밑에는 떨어진 이파리가 쌓여서
질퍽한 등산로가 되어

군데군데 꺾여진 억새와 함께
계절의 변화를 흥건하게 적셔준다

가을의 끝자락

가로수 잎사귀 울긋불긋
바람 솔솔 불고

들에 곡식 누렇게 익어
수확 기다리고
산에 나뭇잎
단풍으로 쌓이는데

지게로 달구지로
수확을 거둬들이는 가을

철새들 열 지어
공중 날으네
봄이 오면 다시 오라
아쉽다

겨울을 보내며

대동강물도 풀린다는 우수가 지났는데도
매서운 추위가 기승을 부린다

퍼렇게 날이 선 동장군도
봄기운에 자리를 내줄 채비다

얼음이 녹아 흐르는 계곡물은
정신까지 맑게 헹구어 줄 것 같고

산 넘고 물 건너 매화 향기 두둥실
바람 타고 봄소식 전해온다

어릴 때 물장구 치며 뛰놀던
마을 앞개울에도 물고기가 어른거리고

절기 따라 오는 봄을 기다리면서도
가는 겨울이 아쉽다

3부

친구들과 대화

초등학교 동기동창의 우정

양산의 그늘에 감추어진 저들은 누구일까
아가씨일까, 아주머니일까, 할머니일까
그 구별은 중요하지 않다

굽이쳐 흐르는 미호천과 충북선의 교차점
오송 들녘의 강외 초등학교에서
우리, 오누이의 정으로 함께 자라며
꿈을 키웠던 소년이요, 소녀였는지가
소중하다

우리 서로 간의 마음을 다양하게 표현하기 힘들었던
어린 시절을 지나 칠순이 눈앞이건만
생각하면 보고 싶고 만나면 반가운 친구들
돌아올 수 없는 시간을 아쉬워하며
나, 그 이름들을 남몰래 써 본다

사랑하는 동기동창들아!
다시 태어나도 다시 뜨거운 우정으로
사랑할 수밖에 없는
우리는 운명이다
우리를 슬프게 하는 단절, 무관심, 소원함 등은

허공에 날려 잊어버리고
항상 따뜻한 손으로 어루만지며
보고 또 봐도 보고픈 꽃으로 다시 기억되어
깊은 호흡으로 수다도 떨고 마음을 나누자
이제, 그것이 주름이 깊어져 가는 우리의 즐거움이다

어둠을 깨우는 우주의 달처럼 별처럼
우리, 서로가 의미 있는 존재가 되어
우리, 서로를 애틋하게 그리워하면서
난 "너뿐이야" 하는 믿음을 간직하자
우리, 존재하며 봉사하는 날까지
삼일 회원의 가슴가슴에 시들지 않는 마음으로

깊은 우정을 간직하자
만나서 행복하고 고맙구나

학창시절

세월도 익고 과일도 익고
향기 가득하다.

황금빛 노을 붉은 파도
꿈속 달리던 친구여

청운의 꿈 간직하며
기대 부푼 학창시절

밤새워 토론하며
가슴 기대던 친구여

풀벌레 밤새워 울고
밤 지새우던 친구여

세월은 가고
나도 가고 너도 가네

장미빛 꽃 피우던
그리운
학창시절 친구여

친구

1. 실버들 가지끝 흰 구름 흐르고
   동구 밖 동네 아이들 요란한데
   추억 묻은 친구들 친절히 반겨준다
   푸른 하늘 종달새 지저귀고 산새 소리 아름답다
   정겹던 보고 싶은 친구들

2. 청운의 꿈 키워온 학창시절 친구들
   세월도 가도 너도 가고 나도 간다.
   조각달 기울고 툇마루 앉아 추억을 더듬는데
   밤은 깊어지고 친구들 생각난다.

3. 빨간 꽃잎이 물 위에 떠 흐르고
   골짜기 날으는 물새들 생각에 잠긴다
   그리운 친구들 지금쯤 어디에서 무엇하고 있을까
   산속 멀리 숨어 우는 바람소리 추억이 그립다.

4. 세월은 가도 추억이 그립구나
   친구여 나 그대 잊지 않으리
   평생을 사랑해도 그리운 친구여
   우리 우정의 잔 들고 서로 연락하자
   친구여 더욱 건강하자

고향 친구 1

산 제비 넘나드는 정든 고향 땅
푸른 숲 산마루 건너편 마을

초가지붕 둥근 박 누렇게 익어갈 때
물길 따라 계곡 따라 물새들 날으고

언덕에 앉아 숲 향기 젖는다.
친구야 어디 있나 보고 싶다 친구야

고향 친구 2

산 까치 외롭게 우는 오솔길
고향 마을 함께 놀던 옛 친구들

우리 우정 푸른 꿈 고이 간직하고
꽃구름 속에서 맺은 우리 약속

반짝이는 별처럼 붉은 장미처럼
청운의 꿈 아름답게 피우자
친구야 그리움만 쌓인다 친구야

사랑하는 나의 친구들아

사랑하면서도 오랜 세월 보지 못하고
만나지 못한 친구들아!
살아가노라니 생활의 무관심으로
어색한 분위기가 되었구나

삶의 방식과 환경이 서로 달라서일까
세상을 보는 서로의 인식과 이해의 폭이 좁고
무지해서일까

이제, 우리 모두 삶의 숨소리에
각자의 마음을 깊숙이 열어
삶의 어떠한 인연들도 소중히 간직하고
진실되고 순수한 마음으로 되돌아가
넓은 가슴으로 포근하게 껴안자

얼마 전 고향 산소에 들려 뜻하지 않은 경험도 하였는데
피-붕붕, 서투른 휘파람 소리인 듯했으나
그것은 주변에 버려진 빈 술병이 나둥그러져
바람에 부딪치는 울림 소리로 공포 그 자체였다
사랑하는 나의 친구들아!

미운 정 고운 정 모두 나와 너의 것이기에
이제 살아온 날보다 살아갈 날들이 그리 멀지 않았기에
나의 바쁜 발걸음에 닿은 작은 부딪침도
미움과 상처로 남지 않기를 기원한다
우리 굳센 약속 내 죽어도 그대 잊지 않으리
추억은 구름처럼 흐른다
사랑한다. 사랑한다.

4부

가족사랑, 여행길

고봉환, 배현미 결혼을 축하하며

태양같이 눈부시고 뜨거운 나의 사위
별같이 빛나고 달처럼 밝은 나의 딸

산굽이를 돌아 돌아 시냇물이 강물 되어
바다를 만나며 저 넓은 대양으로 항해를 시작한다

갈고닦은 둘의 지혜와 마음을 하나로 모아
엄동설한에 눈을 비집고 꽃 피는 복수초같이

믿음과 신뢰로 속삭이며 사랑하고
건강한 한 쌍으로 탄생하거라

혼전에 눈을 크게 뜨고 보았다면
이제는 눈을 반쯤 감고 보아라

옷깃만 스쳐도 인연이라 하는데 혼인 서약을 하고
한 몸인 부부가 되었구나

그동안 둘이 띄운 아름다운 수많은 사랑의 무지개를
이제는 둘의 가슴속에 맑게 물들이어라

외손자 한서우의 첫돌을 축하하며

하늬바람의 끝자락에서
낙엽이 세차게 나뒹굴며
구석구석으로 쌓이던 날

긴 산고 끝에
한서우의 우주가 열리고
벌써 1년이 되어 첫돌이 되었구나

강보에 싸여 새근새근 잠자고
거북이처럼 기어서 발걸음을 옮기며
공룡으로 몸집을 키워

이제는 감정을 느끼고
입을 삐쭉이고 울음보를 터뜨리기도 하지만
방글방글 웃고 재롱을 떨 때면
키우며 힘든 기억들은 바람같이 사라지고
환한 웃음꽃으로 집안이 훈훈하다

지혜로운 큰 뜻 간직하고
겸손하고 건강하고 튼튼하게 자라다오

그것이, 한서우의 부모와 가족과
사랑하는 모든 분들의 바램이다

우리의 희망 한-서-우,
하나님의 은총과 함께 첫돌을 축하한다.

간절한 기다림

학창 시절의 부적응
군 생활 이후의 깨달음

청운을 꿈꾸며 꿈 찾아 찾은 길
뒤늦은 도전의 시도
공무원 9급, 7급 공채 합격 후 근무 중
가능성을 확인한 후

수일간의 시험 수개월 후의 발표 등
힘든 여정 속 변호사 시험 합격
애타는 기다림 속 피어난 인고의 꽃

꽃 중의 꽃 배 경 진
짙은 향기 품고 활짝 피어라

친쾌테레

> 딸의 주선으로 크루즈를 포함 외손녀 2명과 함께
> 가족 6명이 이탈리아, 프랑스, 스페인 15일간 여행

여기는 이탈리아 해안가 절벽 마을
쏴악- 탕, 쏴악- 탕, 쏴악- 탕
파도가 바위에 부딪치는 소리
약 100미터 절벽 약 200미터 산 정상
절벽 입구에 15개 정도의 매점이 생활수단인 듯
3-4층 규모의 100여 가구 마을 형성
절벽 길 오르다 공포심에
난간을 잡고 얼굴을 돌려 피했다.
뭉게구름 몇 개가 떠다닐 뿐 맑은 하늘
어부, 배, 갈매기를 볼 수가 없다.
수평선만 끝없이 아득 하늘과 맞닿았고
휴양지 같으나 이탈리아의 명승지다.
그대 꽃 중의 꽃이여
나 벌 나비 되어 다시 찾으리

쏘렌토여 잘 있거라

쏘렌토여 잘 있었느냐
나 29년 전 어머니 모시고 16일 동안 서유럽 일주 여행
산천은 변함없구나
진한 커피 한 잔 마시며 감회에 젖는다.

앞은 낭떠러지 바다 잔잔하고
좌측 건너 마을은 근간 채색을 한 듯
아름답고 선명하며 아늑하구나
그리스가 건설한 나폴리만의 끝자락 도시
추억의 그리움을 상상하듯
지난날의 숨결이 진하게 느껴지며
그리움 그림 되어 나타난다.

푸른 바다 아득한 수평선
흰 돛단배 주어지면
난 노를 저으리라
추억이 세월 따라 흘러
그리움 별처럼 쌓이는 바닷가
쏘렌토여!
나 다시 볼 수 있을까
잘 있거라! 안녕!

바르셀로나

아침 일어나 베란다에 나가보니
조각구름 두둥실 흘러가고
배는 밤새 운항 스페인에 도착

해가 수평선 반쯤 걸쳐 떠오르고
거센 바람 세차게 분다.

스페인은 건축가 가우디가 먹여살린다는 농담

시내 도로 좌우측으로 5~7층 건축물 다수
주민 카사밀라의 부탁으로 가우디가 설계한
7층 건물 외관 투박하고 육중한 모습

내부는 살림살이 놓고 정겹게 살아가는 구조
외부는 튼튼하나 투박

당초 옥상에 성모마리아 동상을 세워
수호신으로 삼으려 했으나 이를 포기함

장한 대한의 아들 황영조가 올림픽 마라톤을 우승한

몬주익 언덕을 보고 싶다.

구애공원은 타이루 입힌 의자가 특이

맑은 하늘 푸릇한 잎사귀 향기 코를 자극하고
각종 봄 내음새 사방에 퍼진다.

유명한 성당 건물은 관중이 많아 방문을 포기
버스 안에서 구경만 하고 통과

시장에 들러 다양한 구경을 하고
딸기를 사 먹고 티셔츠를 구입

내 안에 숨 쉬는 갖가지 삶의 조각들이
파노라마처럼 펼쳐진다

터질 듯 부풀은 가슴 조금씩 진정
잠시 정을 두고 떠나려 하니 눈물만 난다

앙코르와트

세계 문명의 찬란한
꿈 피우다가

어느 날부터
잊어져 버린 도시

인적이 끊어진
밀림 속에서

비바람에 부서지고
나무 뿌리에 갇혀

침묵의 세월
4백 년을 견뎌온

인간의 대지에
만들어졌던

신들이 살아가는
천상의 세계

5부

고향의 그리움, 종보 발간

고향 생각

은하의 별들이
밤하늘 반짝일 때
툇마루 앉아서
옛 생각 묻힐 때면
내 마음속 녹아있는
같이 놀던 고향 친구
못 잊어 생각난다

강가에 비친 산 그림자
창공에는 흰 구름이
굴뚝엔 하얀 연기가
구름 꽃으로 피어오르고
그리움이 깃든 산천은
여전하구나

가을걷이를 끝낸
넓은 벌판 가을 들녘
소슬바람이 세차게 스쳐간다
그립다. 내 고향

내 고향 미호강

봄날 이른 아침
아직 해가 뜨기 전
미호강 줄기를 따라
모처럼 운동에 나섰다

1950년대 후반 초등학교 시절
소풍을 다니던 곳이었고
어른들은 여름에 천렵을 위해
찾던 곳

안개가 이리저리 몰려다닌다
산모퉁이와 넓은 들녘을 돌며
부드러운 모래강변을 따라
따스한 정이 흐르던 강

갈퀴로 강변의 모래를 긁어서
민물조개로 재첩국을 끓여 먹고
늦가을이면 황소를 경품으로 걸고
장사 씨름대회를 열던 곳

충청남,북도의 경계선을 이루며
농업용수로 비옥한 토지를 만들고
주변 도시의 식수원으로
굽이굽이 유유히 흐르던 강

시민들의 감성으로 가득한
축제의 장으로 다시 태어나길 바란다

고향 강변 풍경

물안개 자욱한 강가에 억새가 춤추고
강물은 말없이 유유히 흐르는데
물길 따라 옥토, 아름다운 비경을 만든다.

나루터 옷깃을 스치며 오고 가는 길손
많은 사람들이 낯익은 이웃들로 만나
지인끼리 정보를 교환하던 곳

과거엔 나룻배가 유일한 교통수단
뱃사공을 불러 강을 건너야 했던 지난날
고향 사람 정든 땅 떠나
백합꽃 피고 지고 여러 해 흘렀건만
지인들 끈끈한 정 변치 않네

교량이 건설되면서 교통에 비약적 발전과
편리함이 있었으나 아쉬움도 있었다.
활짝 핀 야생화가 산기슭에 울긋불긋
왕래하는 사람들을 즐겁게 한다.
아쉽고 반가운 이웃들과의 대화 만남
나 추억 찾아 고향 나루터 여기에 왔다.
우리들의 대화내용 영원히 기억되고 회자되리라

고향마을

푸근하며 후덕함과 온유함을
타고난 아미산
이를, 진산으로 한 내 고향 노송리 마을은
좌청룡 우백호의 품에 살포시 안기었다

텃새들이 마을을 지키고 철새들이 능선을 넘어
먼 길을 오가는 동안
고향의 시간들도 출렁이며 낯익은 얼굴들이
사라지고 새로이 나타났다

마을 어귀의 느티나무 고목은
잠시 삶의 무게를 내려놓고 쉬는

주민의 쉼터로 마을 공동체의 중심으로
수령 500년, 고향 마을의 역사이며
마을의 보호수다

유년 시절의 아릿한 기억을
길어 올릴 수 있는 고향 땅

맑은 하늘은 푸르러 아름답고
밤하늘에 반짝이는 수많은
별빛은 축복의 별이다

사랑하는 내 고향 노송리 마을이여!

만나면 따스한 미소로 마주하며
집집마다 사랑이 흐르는 정겨운 이웃으로
하나 되어, 풍요로운 희망의 꿈을 안고
대한의 꽃으로 영원히 피어라

나뭇가지 끝을 걷듯. 초연히 속세를 벗어나, 청초하게 외길을 가니 치솟은 봉우리와 봉우리 사이에 걸린 운해
산새 한 무리가 능선을 떼 지어 휘어날며 찌익 끼르륵- 구욱 수시로 문안 인사를 하고 마을을 휘돌아 높이 솟는다

한낮 졸음에 겨운 피곤한 시간
요기를 끝내고 몇 번 꾸벅거리고 나면
금세 바쁜 일손으로 남은 시간이 분주해진다

고향마을 아미산의 겨울등반

한겨울 눈 많은 아미산으로
눈꽃 찾아 나섰다
가파른 능선의 꽃길 따라 오른
산마루는 사방 막힐 것 없는
조망으로 가슴이 확 트인다

소복으로 갈아입은 소나무 가지는
거친 바람에 낭창거린다

삭풍이 지나는 능선의 등산로에
앙상한 나뭇가지가 부딪치며
비비는 소리와
골짜기에서 능선을 넘나드는
산새의 지저귐이 반갑다

어린아이가 울음을 토하듯
큰 숨을 몰아쉬고 걸으면서
고향의 정취를 가슴에 담고
개구쟁이 때의 추억을 떠올리며
향수에 젖는다

고향의 그리움

산야마다 초록선이 넘쳐나고
눈부신 햇살이 들판에 쏟아질 때면
개울가에서 물고기를 잡고
뒷동산 기슭에서 연을 날리며
얼음판에서 얼음지치기를 하던 곳

유년 시절의 아릿한 기억을
길어 올릴 수 있는 고향

산바람이 구름을 깨워 하늘로 보내고
텅 빈 하늘은 맑고 푸르다

창공은 푸르러 아름답고
들녘은 풍요롭다

고향은 마음을 달래주고
새로운 활력으로 내일의 희망을 찾게 하는 곳
다정한 미소로 마주하며
사랑으로 하나 된 이웃
핏줄 속에 정이 녹아 흐르는 곳
기름진 대지! 축복의 땅!

경주 배씨 종보 신년축시

눈부셔라
서라벌의 동틀 녘 밝은 햇살에
경주 배씨 둥근 해 떠오르니
신묘년 아침이 찬란하다

새해에는
묵은 한 해의 고난도 갈등도
제야의 종소리에 실려 지우고
눈송이 같은 순결함으로
빈 가슴을 사랑으로 가득 채워
50만 종친 모두가
서로가 서로를 부둥켜안고
화합과 도약을 위해
닫힌 문을 힘차게 두드리자

새벽닭이 울 때
깊은 잠에서, 꿈속에서 깨어나
고운 색깔 눈에 넣고
향기로움 가슴에 담아
손에 손잡고 횃불을 높이 들어
희망의 노래를 합창하자

삼한갑족 경주 배씨여!
눈부신 새아침에는 역동적인 깃발 아래
접은 날개를 마음껏 활짝 펴고
일당백(一當百)의 용기로
시대의 소명을 창조하자

경주 배씨 종보창간 200호 축시

태양아 솟아라. 태양아 활활 타거라
태양아 온 누리를 환하게 비추어라

하늘이 열리고 경주 배씨도 생명이 싹터서
50만 종인들의 심장으로 피가 흐른다

국난의 어둠을 씻고 새 나라를 건국하신
삼한갑족의 자랑스런 후손들이여!

종친들의 눈, 귀가 되어준 종보창간 200호에는 축하를
그 활자 뒤에 숨겨진 관계자의 노고에는 경의를…

깨어라. 깨어서 일어서라. 문양공의 보배들이여!
개국공신의 피 끓는 정의로 힘차게 비상하라

6부

영면한 영혼에 대한 애도

故 김정석 법원동기의 영전에

친구여!
같이 왔으면 같이 떠나야지
왜 홀로 먼저 가는가

이십몇 년 전
서소문 대법원 언덕을 밟고
천하를 얻은 듯 즐거워하며

정열적으로 일하면서
청운의 꿈을 함께 가꾸어 갔던 친구여!
착한 마음에
분위기를 띄우기 위해서

나를 낮추고 술잔을 비우고 권하면서
자신을 희생하던 옛 모습들이
아련히 떠오른다

나 하고는 이웃한 자리에서 근무도 하였지
아직 한참 일할 나이에
너무 애석하구나
부디 아름다운 곳에서
영생하소서!

국군의 날

향기 품어 고국산천 지키다
숨진 영혼들이여
님께서 가신 길
영광의 길이 옵기에
존경합니다. 사랑합니다.

빗발치던 총알을 뚫고
유명을 달리한 전우여
태극기 휘날리며 나라를 지킨
정의의 사나이여!

오! 나의 전우여!
전쟁에 핀 꽃이여!

한 인간으로 가족의 정
얼마나 그리웠을까
저희 부족함
용서하소서

이제 나라가 지키고
국민이 지켜 드리겠습니다.
그곳 천국에서
편히 쉬소서

전우여 편히 잠드소서

나이 이제 스물일곱
피 끓는 청춘으로
베트남 참전 명을 받고
고뇌 속에 뜬 눈으로
며칠 밤을 보냈다

얼마 지나지 않아
백마부대 전우가 되었고
베트남에 주둔하였다

꿈도 크고 할 일도 많은데
예측할 수 없는 전쟁
두렵다!
신이여, 도와주소서!

마음의 평온을 찾으면서
내무반에서 일상적 근무 중
갑자기 긴장감이 감돌며
부대 병력이 요소요소에
매복 근무에 들어갔다

모기와 싸워가며 경계 중
전방에 인기척이 있으면서
급박한 긴장감이 감돈다

이어서,
누구라고 할 것도 없이
동시 사격이 있으면서
치열한 교전이 벌어졌고
얼마가 지난 후
전장은 적막에 쌓였다

온몸은 땀범벅이고
먼동이 트인다
한 전우가 외친다

야! 정신 차려! 눈을 떠!
그러나,
그는 이미 이승을 떠나 있었다

전우의 혼(魂) 기리며

서산 너머로 해가 기울고 구슬픈 벌레소리 애달픈데
공포의 전쟁은 계속된다.
폭염이 작열하고 푸르름이 우거진 산등성
총알이 빗발치고 포탄이 지축을 흔들며
자욱한 먼지 속 전우가 사라질 때
나는 눈 뜬 봉사되어 두리번거렸다오

저 하늘 고개 능선 숲속 조용히 잠든 전우여
먼 훗날 다시 만날 때까지 편히 쉬소서
피 끓는 전우는 사랑하는 가족을 가슴에 묻고
서럽고도 아름다운 작별을 고하였지
슬프고 애통하도다.

젊은 시절부터 조국을 걱정하고
오늘의 고통을 내일의 낙으로 위로하며
청운의 꿈을 그리던 학창시절 친구여!
짤막한 우리의 만남이었지만 그립구나 그 시절

다시는 만나지 못할 친구여
다시는 보지 못할 전우여

아쉽고 아깝다! 친구여!
우리는 정으로 한 몸 되고 정신으로 한마음 되어
울고 웃었지

겨레에 대한 사랑과 조국에 대한 충성으로
생전의 맹세인 조국 수호를 죽음으로 승화시킨
피 끓는 사나이
굳은 맹세 푸른 꿈 사라진 갈 곳 잃은 새처럼
혼란한 전쟁터 목숨 바쳐 조국 지키리

살아온 시간보다 살아갈 내일을 걱정하며
선진국 건설을 위해 스스로 노력하며 악조건을
극복한 연구하고 노력하는 정의의 학도

보고 싶은 전우여
산새도 함께 넘던 고갯길에 사랑하는 친구를 묻고
현장을 떠나려 하니 발이 떨어지지 않고 눈물만
납니다.
당신의 전승 공취 정신은
불멸의 생명으로 소중히 계승될 것입니다.

두 동강 난 조국이여 살아 숨 쉬는 생명들이여
우리는 조국의 위난에 맞서 분기충천 싸워 이겨야
산다.
동이 트고 노을이 지고 시련의 세월을 보내며
젊은 나이에 고통을 인내하고 깊은 교훈을 남긴
전우여
내일을 꿈꾸며 오늘을 살아가는 이 땅의 젊은이들이여
깨어 일어나 이 겨레를 안전하게 지켜 주소서

조국의 운명이 풍전등화 절체절명의 위기 속
전우는 살아서 조국의 방패 되고
죽어서 조국의 혼령 되어 대한민국을 수호하고
자유민주주의 국가를 보위하였노라
국가의 자랑이요, 겨레의 보배로다.
유비무환 되새기며 구국에 바친 희생
호국의 주춧돌 되어 영원히 이 땅을 지키리라

정의로운 청년이여 자랑스런 국군이여!
철새도 봄이 오면 돌아오는데 친구는 소식이 없구나
우리는 기억하노라 전우의 죽음을!
그대는 이 땅의 선구자로다

산새도 슬피 우는 전장
전우는 능선에 뼈 묻고 전선에 향기 품었노라
가거라! 3.8선아!
사랑한다. 사랑한다.

사부곡(思父曲)

폭염이 작렬하는
7월 하늘

보고 싶은 얼굴들을
가슴에 묻으시고

홀연히
떠나셨지만

높고 깊으신
님의 큰 뜻

구원의 선지자로
사랑의 별로

자손만대
온 누리를 비추소서

세월을 추억하며

배기오 시집

Memo.

세월을 추억하며
배기오 시집

Memo.

세월을 추억하며
배기오 시집

Memo.

세월을 추억하며

배기오 시집

Memo.

세월을 추억하며
배기오 시집

Memo.

온북스
ONBOOKS